Inhalt

Mobilität um jeden Preis - Verkehrswegeplanung und Verkehrstechnik als Chance für deutsche Unternehmen

Kernthesen

Beitrag

Fallbeispiele

Zahlen und Fakten

Weiterführende Literatur

Impressum

Mobilität um jeden Preis - Verkehrswegeplanung und Verkehrstechnik als Chance für deutsche Unternehmen

Autor GENIOS BranchenWissen: M.Klems

Kernthesen

- Staus auf den Autobahnen fügen der Volkswirtschaft einen enormen Schaden zu und gefährden die Verbindung zwischen Produktion und Handel.
- Die europäische Verkehrspolitik geht verschiedene Wege im Umgang mit der Auslastung der Verkehrswege.

- Satellitengestützte Mautsysteme werden von der EU-Kommission als zukunftsweisende Technologie gesehen.
- Moderne Verkehrstechnologien schaffen neue Arbeitsplätze und schaffen einen prognostizierten Marktumsatz von 20 Milliarden Euro in Europa.

Beitrag

Staus richten auf den Autobahnen einen enormen Schaden an. Moderne Verkehrstechnik soll zukünftig den Verkehrsfluss intelligent leiten und damit den stockenden Verkehr verhindern. Verkehrsforscher sagen für die Jahre bis 2010 einen Umsatz von 20 Milliarden Euro mit Verkehrslenkungssystemen in Europa voraus.

Hauptproblem Stau

Ob Montag Morgen oder Freitag Nachmittag, Blechlawinen bestimmen das Bild der Straßen in den Metropolen weltweit. Staus richten auf den Autobahnen einen enormen Schaden an. Deutsche Unternehmen und Verbraucher verschwenden durch das Stop-and-Go täglich 33 Millionen Liter Diesel und Benzin. Im Durchschnitt steht dabei jeder Autofahrer laut ADAC rund 65 Stunden pro Jahr im Stau. Insbesondere für den Straßengüterverkehr entstehen hier enorme Zusatzkosten. Das Bundesforschungsministerium berechnet den jährlichen volkswirtschaftlichen Schaden mit 97 Milliarden Euro. Stockender Verkehr gefährdet die Lieferverbindung zwischen Handel und produzierenden Unternehmen. Ein reibungsloser Verkehrsfluss wird damit im europäischen Wettbewerb zu einem entscheidenden Standortfaktor. (1), (4)

Ausbau weiterer Verkehrswege

Der Ausbau des Autobahnnetzes stößt in zahlreichen Ländern an die Grenzen. Der prognostizierte Zuwachs im LKW-Verkehr von 64% und PKW-Verkehr von 20% für die kommenden 10 Jahre, erfordert neue Konzepte. Nach Berechnungen des ADAC müsste das deutsche Autobahnnetz um 2 400 Kilometer erweitert werden, um den drohenden Verkehrskollaps noch abzuwenden. 3 300 Kilometer an bestehenden Autobahnstrecken müssten weiter ausgebaut werden. Hinzu kommt, dass dem bestehenden deutschen Straßennetz der langsame Verfall droht. Waren im Jahr 1980 noch 80% intakt, sind es derzeit nur noch etwa 69 Prozent. Dass hier dringend investiert werden muss, hat auch die Koaltion erkannt. Für die Erhaltung und den Ausbau der Verkehrsinfrastruktur soll im Zeitraum der 16. Legislaturperiode die Investitionslinie der Bundesverkehrswege deutlich erhöht und verstetigt werden. Zudem soll mit einem Planungsbeschleunigungsgesetz die Voraussetzung für eine bundesweit einheitliche Straffung, Vereinfachung und Verkürzung der Planungsprozesse geschaffen werden. Das neue Planungsrecht wird bereits Anfang 2006 in Kraft treten. (10),(11),(13)

Investitionen in Gleise, Hochgeschwindigkeitsstrecken, Lokomotiven und Stellwerke im zweistelligen Milliardenbereich werden zudem von der Deutschen Bahn erwartet. Die zukünftige Schlüsseltechnologie im Eisenbahnverkehr gehört dem neuen Europäischen Zugleitsystem ETCS. Mit dieser neuen Technik werden die unterschiedlichen 20 Zugleitsysteme einzelner Länder auf einen gemeinsamen Standard gebracht. In Deutschland wurde dabei die zweite Ausbaustufe erfolgreich getestet. Bis 2020 soll das System vollends praktisch und flächendeckend arbeiten. Damit werden alle Signale überflüssig und der Zugverkehr wird optimal ferngesteuert arbeiten. (1), (4)

Heterogene Verkehrswegepolitik

in Europa

Die europäischen Nachbarländer gehen verschiedenste Wege in der Verkehrswegepolitik und damit auch in der zukünftigen Ausrichtung auf neue Technologien. In **Frankreich** trennt sich die Regierung von den Autobahnbetreibern und privatisiert damit das Autobahnnetz vollständig. Rund 11 bis 13 Milliarden Euro soll durch den Verkauf in die Staatskassen fließen. In **Großbritannien** führt das marode Eisenbahnnetz zu einer Fokussierung auf den Ausbau und die Modernisierung des Straßennetzes. Ein Neubau von Autobahnen ist dabei nicht vorgesehen. Die britische Regierung startete 2000 einen Investitionsplan der 180 Milliarden Pfund bis 2010 in die Modernisierung steckt. In **Italien** werden die Autobahnen von 23 Konzessionären verwaltet, die teilweise im Besitz der öffentlichen Hand sind. Die wichtigsten 3 400 Autobahnkilometer werden von der Autostrade SpA und sieben Tochtergesellschaften verwaltet. Die derzeitige Mauterhebung durch Zahlschranken führt immer wieder zu Staus. Die Autobahnen in der **Schweiz** sind in staatlichem Besitz und es sind keinerlei Anzeichen für eine Privatisierung erkennbar. Im Bereich der Maut gilt die Schweiz europaweit als Vorreiter mit der bereits 1984 eingeführten Vignette. Die leeren Staatskassen in **Österreich** geben Privatinvestoren zukünftig die Möglichkeit der

Finanzierung des Autobahnnetzes. Ein erstes Ausbauprojekt sieht diese Beteiligung der freien Wirtschaft vor. Die derzeitigen Einnahmen über die Vignetten gehen in das staatliche Unternehmen Asfinag. Rund 1,2 Milliarden Euro wurden 2004 über die Autobahngebühr eingenommen. In den **Niederlanden** steht ein Wechsel in der Verkehrspolitik bevor. Zukünftig soll nach 2007 die Nutzung von Fahrzeugen und nicht deren Besitz in die Kostenberechnung eingehen. Die Belastungen für Verbraucher sollen dabei kostenneutral ausfallen, da ein Wegfallen der KFZ-Steuer geplant ist. Wie die Fahrleistungen erfasst und dabei die Kilometerpreise berechnet werden, ist bislang noch nicht geklärt. (7), (8)

Problemlöser Verkehrstechnik

Moderne Verkehrstechnik soll zukünftig immer mehr eingesetzt werden, um den Verkehrsfluss intelligent zu leiten und damit den stockenden Verkehr zu verhindern. Ein erster Schritt wurde in Deutschland mit dem Aufbau des Mautsystems für LKWs getan. Die Hightech-Mautsysteme dienen bei der Verkehrstechnik als Vorstufe für flächendeckende Erfassungssysteme. Die Messstationen geben die Informationen an Verkehrsleitsysteme weiter. In

Verbindung mit satellitengestützten Systemen und intelligenter Bordelektronik wird der optimale Fahrweg und Fahrtzeit berechnet. Die Technik des deutschen Mautsystems erlaubt ab 2006 Differenzierungen nach Strecken und sogar nach der Tageszeit. Es ist an der Zeit sich mit innovativen Einsatzmöglichkeiten der Maut zu befassen, um das Potenzial besser zu nutzen. Möglich wäre auch eine flexible Nutzung des Systems und eine Reduzierung der Maut auf den Autobahnen, die vom Ausweichverkehr betroffen sind, und dafür eine Bemautung der Ausweichstrecken. Das Ziel einer effizienten Verkehrslenkung muss sein, den Verkehr auf die Straßen zu bringen, auf denen er am effizientesten rollt! In Hamburg beispielsweise arbeitet man bereits an einem Ansatz die Intelligenz des deutschen Mautsystems zu nutzen, um den Verkehr bedarfsgerech zu lenken. Dort soll ein Autobahnteilstück bei Bedarf mautfrei gestellt werden, um eine parallel laufende Bundesstraße zu entlasten.

Zahlreiche Mobilitätsszenarien zeigen jetzt schon wie die Zukunft im Umgehen von Verkehrsstaus aussehen kann. Kraftfahrzeuge senden mittels eingebauter Sensorik Verkehrsdaten an andere Verkehrsteilnehmer und informieren zeitnah über stockenden Verkehr. Mit BMW haben Daimler Chrysler, Audi, Volkswagen, Renault und Fiat ein Car to Car Communication Consortium gebildet. Ein weites Feld, dem Verkehrsforscher für die Jahre bis 2010 einen Umsatz von 20 Milliarden Euro mit Verkehrslenkungssystemen in Europa voraussagen. (1),(3),(12)

Fallbeispiele

Exportschlager Toll-Collect?

Für die kommenden Monate rechnet die Deutsche Telekom mit einem Exporterfolg für das in Deutschland installierte Mautsystem Toll Collect. Das satellitengestützte System ist derzeit das größte seiner Art weltweit. In Großbritannien, den Niederlanden und der Slowakei laufen Vergabeverfahren. Zwar hat das Unternehmen den Wettbewerb in Tschechien 2005 verloren, hofft aber auf weitere Chancen im internationalen Wettbewerb. Die Hauptwettbewerber sind der österreichische Anbieter Kapsch und der Schweizer Elektronikhersteller Fela. Trotz erster Ablehnungen des Toll-Collect Systems sehen die Entscheider mit dem mittlerweile laufenden deutschen Mautsystem

einer rosigen Zukunft entgegen.
Interessensbekundungen aus China, Russland und Ungarn liegen laut Toll Collect vor. Positive Signale sendet zudem die EU-Kommission, die sich als Anhänger einer Verkehrssteuerung auf Satellitenbasis sieht. Diese bietet nach Ansicht der Experten die flexibelsten Einsatzmöglichkeiten in der Zukunft. Hier hat Toll-Collect ganz deutlich, trotz der Anlaufschwierigkeiten in Deutschland, die Nase vorn. (2), (3), (9)

Jobmaschine Satelliten-Navigationssystem Gallileo

Das satellitengestützte Navigationssystem der EU mit dem Namen Gallileo wird in Genauigkeit und Leistungsfähigkeit in den Wettbewerb zum gängigen GPS System treten. Bis 2010 sollen 30 Satelliten die Grundversorgung des Systems sicherstellen. Da Galileo ein kommerzielles Projekt ist, wird man für die meisten Dienste wohl bezahlen müssen. Aber warum nicht, wenn sie den Stau ersparen? Dieses industriepolitisch größte Vorhaben der EU soll zwischen 140 000 und 150 000 neue Jobs schaffen. Die Arbeitsplätze werden im Dienstleistungssektor und der Entwicklung sowie Produktion der Empfangsgeräte entstehen. Fachleute bezweifeln, dass echte neue Jobs hierdurch geschaffen werden. (5)

Erfolgsmodell City-Maut

Weniger Verkehr in der Innenstadt, kaum Staus, kürzere Fahrtzeiten und eine höhere Auslastung des öffentlichen Nahverkehrs sind die Erfolgsnachrichten der City-Maut Systeme in London und Stockholm. In Stockholm wurde das Erfassungssystem für die Abrechnung der PKW von IBM geliefert. Rund 300 000 Fahrzeugen passieren täglich die Kamerabrücken. Rund 95% der Autokennzeichen werden automatisch ausgelesen. IBM rechnet hier mit weiteren Aufträgen aus Kopenhagen, Amsterdam, Rotterdam, Rom und Genua. Auch aus deutschen Städten liegen Anfragen vor. Ähnliche Entwicklungen in den kalkulierten Einnahmen wie in London ergeben sich in Stockholm. Hier lassen immer mehr Fahrer das Auto stehen und steigen auf den Personennahverkehr um. (6)

Zahlen & Fakten

Personenverkehr nach Kilometerleistung von Autofahrern im Jahr 2004

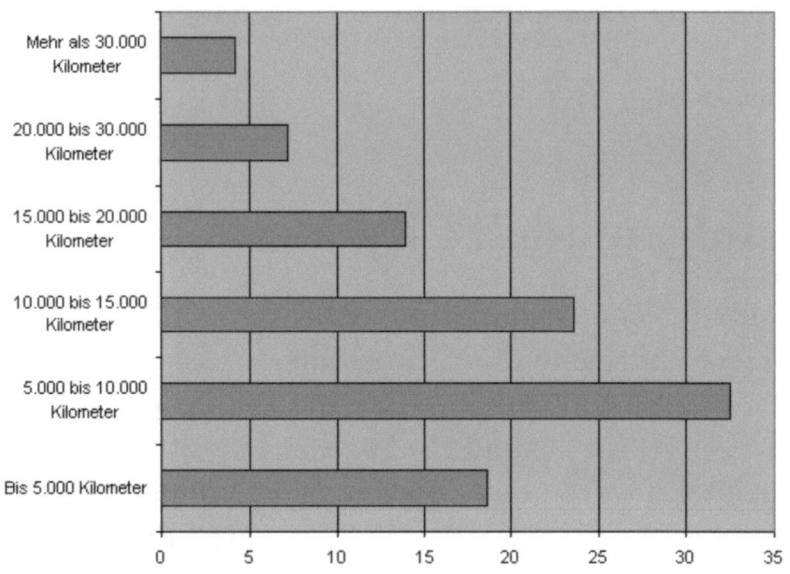

Basis: Pkw-Führerscheinbesitzer und Selbstfahrer (2003: 41,83 Millionen Personen, 2004: 42,71 Millionen Personen)

Quelle: Typologie der Wünsche (TdW)

Entnommen aus: Focus, Der Markt der Mobilität, 2/2005, S. 6

Prozentual genutzte Verkehrsmittel bei Berufspendlern im Jahr 2004

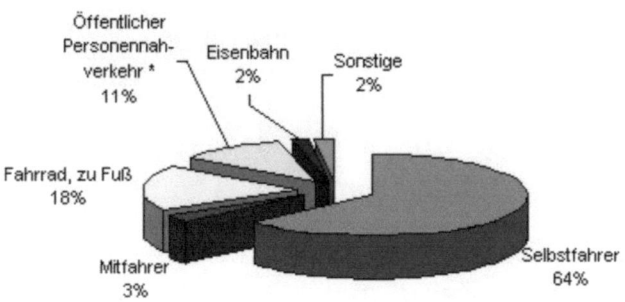

* Bus, U-Bahn, S-Bahn, Straßenbahn.

Basis: Rund 28,8 Millionen Pendler

Quelle: Mikrozensus 2004, Statistisches Bundesamt

Entnommen aus: Werben und Verkaufen, 19/2005, S. 64

Weiterführende Literatur

(1) Grenzenlos mobil

aus WW NR. 050 VOM 08.12.2005 SEITE 052

(2) T-Systems rechnet mit Maut-Export
aus Frankfurter Allgemeine Zeitung, 02.02.2006, Nr. 28, S. 14

(3) T-Systems hofft auf Toll-Collect-Aufträge
aus Handelsblatt Nr. 018 vom 25.01.06 Seite 14

(4) Wunsch und Wirklichkeit
aus Süddeutsche Zeitung, 04.02.2006, Ausgabe Deutschland, S. V1/1

(5) Galileo soll zur Jobmaschine werden
aus Frankfurter Allgemeine Zeitung, 19.01.2006, Nr. 16, S. 16

(6) Großer Erfolg für die "Drängelsteuer" Ein Monat Citymaut in StockholmViele Autos bleiben in der Garage, die Einnahmen fallen geringer aus als erwartet
aus taz, 02.02.2006, S. 8

(7) Medizin gegen Stau oder asoziale Autosteuer? Bundesamt für Strassen präsentiert Fallstudie zu Road Pricing
aus Neue Zürcher Zeitung, 27.01.2006, Nr. 22, S. 11

(8) Europäische Vielfalt in der Verkehrswegepolitik
aus Frankfurter Allgemeine Zeitung, 18.10.2005, Nr. 242, S. 15

(9) Toll Collect hofft auf neue Technik Überarbeitete

Software im Januar · Hightech-Anwendungen sollen
System zum Exportschlager machen
aus Financial Times Deutschland vom 30.12.2005,
Seite 4

(10) Deutschen Straßen droht der langsame Verfall
Sport-BH für Autofahrer?
aus bpz baupraxiszeitung, Heft 12, 2005, S. 2

(11) REPORTAGE Fernstraßenbau Operation
Autobahn
aus Auto Bild, 11.11.2005, Nr. 45, S. 20

(12) Intelligenz nutzen
aus DVZ, Nr. 141 vom 26.11.2005

(13) Logistikstandort stärken
aus DVZ, Nr. 136 vom 15.11.2005

Impressum

Mobilität um jeden Preis - Verkehrswegeplanung und Verkehrstechnik als Chance für deutsche Unternehmen

Bibliografische Information der deutschen Nationalbibliothek

Die Deutsche Nationalbibliothek verzeichnet diese Publikation in der deutschen Nationalbibliografie; detaillierte bibliografische Daten sind im Internet über http://dnb.d-nb.de abrufbar.

ISBN: 978-3-7379-3024-6

© 2015 GBI-Genios Deutsche Wirtschaftsdatenbank GmbH, Freischützstraße 96, 81927 München, www.genios.de

Alle Rechte vorbehalten. Dieses Werk ist einschließlich aller seiner Teile – z.B. Texte, Tabellen und Grafiken - urheberrechtlich geschützt. Jede Verwertung außerhalb der Grenzen des Urheberrechtsgesetzes bedarf der vorherigen Zustimmung des Verlags. Dies gilt insbesondere auch für auszugsweise Nachdrucke, fotomechanische Vervielfältigungen (Fotokopie/Mikroskopie), Übersetzungen, Auswertungen durch Datenbanken oder ähnliche Einrichtungen und die Einspeicherung und Verarbeitung in elektronischen Systemen.